यादों के लम्हे

Shubham Srivastava

BookLeaf Publishing
India | USA | UK

Made with ❤ on the BookLeaf Publishing Platform
www.bookleafpub.in
www.bookleafpub.com

Dedication

यह पुस्तक उन सभी लोगों को समर्पित है, जो प्यार करते हैं, दर्द और भावनाओं को शब्दों में व्यक्त करने की कोशिश करते हैं।

Preface

Acknowledgements

मैं उन सभी का धन्यवाद करता हूँ जिन्होंने इस पुस्तक को प्रकाशित करने में मेरी मदद की , विशेष रूप से, मैं इसे अपने माता-पिता, गुरु और दोस्तों को समर्पित करता हूं , जिन्होंने हमेशा मेरी कविताओं को सराहा और मुझे प्रेरित किया।

1. वक्त

सब कुछ अपने पास है,
पर तुम्हारा साथ नहीं ,
मैं भी अब वो नही,
तुम भी अब वो नही |

रातें आज भी होती है ,
पर पहले जैसी नहीं ,
शामें आज भी होती हैं
पर पहले जैसी नहीं |

हर वक्त बस जहन में,
ये ख्याल आता है ,
काश । वो वक्त वापस आ जाये ,
हर शाम ,हर रात ,पहले जैसी हो जाये

नहीं चाहिये सब कुछ ये सब ,
बस मिल जाओ तुम और वक्त ।

2. खुदा की आवाज़

तुम, मैं और तुम्हारे मन की ये बात,
नदीं झरने चाँदनी और ये रात,
फूल सूरज, पहाड़ और अफाक ।

तेरे मन की आवाज, मेरी कविता को तेरा साथ ,
कलम को लफ़्ज़ों का साथ,
लफ्जों को गीत का साज ,
तुम कहती हो तो लिखता हूँ,
मैं भी खुदा पर आज ,
तुम, मैं और तुम्हारे मन की ये बात ।

ना कुछ लिखता, ना कह पाता
मै भी खुदा पर आज ,
ये प्रेरणा, ये शब्द सब तेरे हैं
और यही है खुदा की आवाज ।

3. तुम कहीं खो जाओ

तुम कहीं खो जाओ ,
और मेरी हो जाओ,
मेरे ख्वाबों में बस जाओ ,
मेरी आंखों में छुप जाओ,
इस जमाने को छोड़कर ,
बस मेरी हो जाओ ।

बादलों में छिप जाओ ,
बूंदो सी बिखर जाओ ,
नदियों से बहकर,
दिल के सागर में मिल जाओ,
इस जमाने को छोड़कर
बस मेरी हो जाओ ।

कलियों सी खिल जाओ ,
फूलों सी महक जाओ ,
तितली सी उड़कर मन के,
वन में तुम खो जाओ,
इस जमाने को छोड़कर,
बस मेरी हो जाओ ।

4. उधार की है जिंदगी

इतना गुरूर किस बात का है,
जब उधार की है जिंदगी ।
तेरा ,मेरा सब धुल जायेगा,
चंद रोज की है जिंदगी ||

न तोड़ तू दिल किसी का,
दिलदार सी जी, ये जिंदगी ।
एहतराम कर माँ बाप का ,
उनके नाम कर, ये जिंदगी ।।

नेकी कर, शुकर मना ,
इंसानियत की है, ये जिंदगी ।
इन सांसो पर हक खुदा का,
उस खुदा की है, ये जिंदगी' ।।

ना नाम तेरा, ना सांसे तेरी ,
किस बात की तेरी जिंदगी ।
इतना गुरूर किस बात का है,
जब उधार की है, जिंदगी ॥

5. नदी

हिन्दी में नदी को स्त्रीलिंग क्यों माना गया ?
कुछ देर विचार कर समझ आया कि दोनो में कि काफी समानतायें हैं ,
दोनों ही सींचती हैं , भविष्य को अपनी ममता से और जीवन प्रदान
करती हैं एक शहर को, एक बच्चे को ।

सतत सरिता सी चंचलता,
सुंदर स्त्री सी कोमलता ।
रंग बदलती घाट-घाट पर,
रूप बदलती बात-बात पर ।

उन्मुक्त बहे अविरल धारा,
स्वच्छंद बहे अश्रु धारा ।'
चले साथ वो घाट-घाट ,
वो चले साथ सब बाँट बाँट ।

लाती वो शांति, जल और जहान ,
पालती वो कल, शिशु और प्रान ।

6. जिदंगी अगर एक किताब होती

जिदंगी अगर एक किताब होती,
उसके हर पन्ने पर तेरी बात होती ,
लिख देता, हर एक शब्द, तेरी बंदगी में,
हर शब्दों में तुझसे मुलाकात होती ।

लिखता मैं ,अपने इश्क का अंजाम ,
हर अंजाम में तू मेरे साथ होती ,
कल और कल ,सब मेरे हाथ होते ,
हर कल में तू मेरे साथ होती ।

हर गम रख लेता मैं तेरे ,
हर खुशी तेरे साथ होती ,
हर जिक्र और फक्र बस तेरा होता ,
हर फक्र में बस तेरी बात होती।

ये दुनिया जहान ,सब तेरे नाम कर देता ,
मेरी दुनिया में बस तेरी बात होती ,
जिदंगी अगर एक किताब होती ,
उसके हर पन्ने पर, बस तेरी बात होती

7. वक्त ठहरता थोड़ी देर और

कितने काश ! पूरे होते ,
जो वक्त ठहरता, थोड़ी देर और ,
थोड़ी देर और खेलता मैं,
जो वक्त ठहरता थोड़ी देर और ।

थोड़ा और लिखता पर्चे में अपने,
जो वक्त ठहरता थोड़ी देर और,
डूबता और तेरी आंखों में ,
जो वक्त ठहरता थोड़ी देर और ।

सपने मैं अपने पूरे करता ,
जो वक्त ठहरता थोड़ी देर और,
घर मैं भी, सपनों का सजाता
जो वक्त ठहरता थोड़ी देर और ।

कुछ काश अपने पूरे कर लेता,
जो वक्त ठहरता थोड़ी देर और,
कितने काश पूरे होते ,
जो वक्त ठहरता थोड़ी देर और ।

8. आईने की धूल

धूल हो आंखों पर, तो, आइना क्या दिखायेगा?
तेरी आंखों का दोष, बस तुझे नजर आयेगा।
दोष हो नजरिये का, तो आइना क्या दिखायेगा ?
नजरों का दोष, नजरों को नजर आयेगा ।

मन में हो चोट, तो, आइना क्या दिखायेगा ?
मन की चोट केवल ,मन ही समझ पायेगा,
करम में हो दोष, तो, आइना क्या दिखायेगा?
कर्मो का दोष, तेरी किस्मत में ,लिख जायेगा।

9. बरसात

आज एक बार फिर से, बरसात आई ,
बूंदों की खुशबू से, फिर तेरी याद आई,
बरसे हैं आज फिर से नैन मेरे,
आसुओं की खुशबू से, फिर तेरी याद आई ।

छाये हैं बादल तेरी जुल्फों के जैसे,
हवाओं के चलने से,फिर तेरी याद आई,
धड़का है दिल फिर बादलों के जैसे ,
धड़कनों की दर से, फिर तेरी याद आई ।

नम है जमीं दिल की, मिटटी के जैसे ,
दिल की सरजमी से, फिर तेरी याद आई ,
आज एक बार फिर से बरसात आई,
बूंदों की खुशबू से बस, तेरी याद आई ।

10. पुराना आशियाना

गुजरा जब पुरानी राहों से ,
जहां कभी हमारा डेरा था,
वक्त और हालातों के चलते ,
हमने उन राहों को छोड़ा था ।

हर गली,हर नुक्कड़ पर,
कुछ जाना पहचाना था,
दिखा बहुत कुछ पहले जैसा,
बहुत कुछ अब बेगाना था।

ढेरों यादें, लम्बी बातें ,
सबका अपना अफसाना था ,
दिखी मुझे उस घर की चौखट,
जहाँ अपना आशियाना था।

समय हुआ वापस जाने का,
वापस अब घर जाना था,
दिल में एक, कसक उठी,
थोड़ी देर और, रूक जाना था ।

11. इश्क की राहें

यूँ तो थे अजनबी हम,
पर अब ऐतबार करने लगे ,
जा रहे थे, अपने रस्ते हम ,
राहों से उनकी गुजरने लगे ।

रास्ते थे अलग, पर ठहर गये ,हम ,
उनके दीदार को हम तरसने लगे,
कश्मकश थी जमाने की हमें ,
खुद की परवाह अब करने लगे ।

अंजाम का कुछ पता नहीं,
पर बातों को अपनी कहने लगे,
थी गुस्ताखी इश्क की,
अपने अंजाम को अब तरसने लगे ।

मजबूरियों थी उनकी भी कुछ,
उनकी न को भी हम समझने लगे,
दी कुर्बानी इश्क की,
जमाने की परवाह अब करने लगे ।

12. पेड़ और मकान

ढलता सूरज देखा,
और देखी, दलती हुई शाम ,
छत पर बैठे उस पेड़ को देखा,
जहाँ पर गुजरती थी, हर एक शाम ।

कूदना, चढ़ना और गिरना देखा,
देखा उससे खुद का मकान ,
उस पर खुद का खेलना देखा,
देखा उसका हर अंजाम ।

बचपन का गुजरना देखा,
और देखा उस पेड़ का,
हर गुजरता आयाम ।
छत पर बैठे उस पेड़ को देखा,
जहाँ पर गुजरती थी ,हर एक शाम ।

13. खुद से मिलने का वक्त नहीं

जब था बचपन अल्हड़ सा ,
तब खाने का वक्त नहीं,
खेलना-कूदना और घूमना।
बस पढ़ने का वक्त नहीं ।

युवा हुये जब सूरज जैसे ,
तब सपनों का वक्त नहीं,
प्रेम-प्रसंग और पढ़ना-लिखना
बस ढलने का वक्त नहीं ।

बहते दिन भर नदी के जैसे,
अब रुकने का वक्त नहीं ,
दुनिया भर से मिलते हैं,
बस खुद से मिलने का वक्त नहीं ।

खड़े हुये एक वृक्ष के जैसे,
अब बढ़ने का वक्त नहीं,
सोना, जागना और जीते रहना,
बस मरने का वक्त नहीं ।

14. इंतजार

"क्यूं है तू बेसब्र इतना,
शोड़ा इंतजार तो कर ,
जो तेरा है तुझे मिल जायेगा ,
थोड़ा इंतजार तो कर ।

क्यूं है बेकरार इतना ,
एक बार इजहार तो कर ,
तेरा सब तेरे सामने है,
एक बार इकरार तो कर ।

जो न मिले फिर भी अगर,
तू थोडा एतबार तो कर ,
जो तेरा है तुझे मिल जायेगा
तू थोड़ा इंतजार तो कर ।

15. काश !

तू साथ है, तो जन्नत,
जुदा है, तो मन्नत्,
तू पास है, तो कुरबत
दूर है तो अकीदत् ,

नजरों के सामने, तो मोहब्बत ,
नजरों से दूर है तो चाहत
बातों में है तो इनायत
ख्वाबों में है, तो अल्फाज ,

सांसों में है तो महक,
सांसों से दूर तो आस
मिले तेरा इश्क, तो इबादत
जो खो दिया तो काश !

16. काश ! कि हम मिले न होते

काश ! कि हम मिले न होते,
जज्बातों के गुल खिले न होते ,
न होती कोई कश्मकश, हमको भी,
दीवानगी में हम यूँ बढ़े न होते।

न रहता कोई काश! जिंदगी में अपने,
दिल से दिल यूँ जुड़े न होते
न होता यूं बिछड़ने का गम हमको भी ,
दिलकशी में यूँ हम पड़े न होते ।

शुकर है, जिंदगी में कुछ, काश हैं अपने ,
वरना, यादों के लम्हे, यूं बने न होते ,
यादों के लम्हे, यूं बने न होते ,
जो हम, इस तरह से मिले न होते ।

17. हर सफर, नई कहानी

जो था कल, वो सब बीत गया ,
जो कल है, अब वो आयेगा ,
हर सुबह होगी, नई रोशनी ,
हर सफर एक कहानी लायेगा ।

कुछ मिले कुछ छूटे कुछ साथ रहे ,
जो साथ है वो साथ निभायेगा ,
बातें होगी यादें होगी ,
जिंदगी का सफर यूं कट जायेगा ।

ना उलझ, तू, यादों में इनकी,
ये वक्त भी गुजर जाएगा,
हर सुबह होगी नई रोशनी
हर सफर, नई कहानी लायेगा ।

18. क्या लिखूँ ?

क्या लिखूँ ?

चाँद लिखूँ या लिखूँ आफताब,
रात लिखूँ या लिब दूं ख्वाब।

क्या लिखूँ ?

शब्द लिखूं या लिखूँ, जज्बात,
गीत लिखूँ या लिख दूं राग ।

क्या लिखूँ ?

सूरज लिखूँ या लिखूँ अफाक ,
जमीन लिखूँ या लिख दूं इत्तफाक ।

क्या लिखूँ ?

सांस लिखूँ या लिखूँ साज
दिल लिखूं या लिख दूँ दिल की बात ।

19. अधूरापन

जो भी है अधूरा तुममें,
वो मैं पूरा कर जाऊंगा ,
तुम बनना शब्द,
मैं किताब बन जाऊँगा ।

तुम बनना चाँद ,
मैं ,आसमान बन जाऊँगा ,
तुम बनना दिल, मै धड़कन,
तुम नदी में सागर बन जाऊँगा ।

तुम बनना गीत मैं साज ,
तुम बारिश मैं, बादल बन जाऊँगा ,
तुम बनना राधा, मैं कृष्ण बन जाऊंगा ,
तुम बनना शक्ति ,मैं शिव बन जाऊँगा ।

20. अच्छा लगता है

अच्छा लगता है ,
तेरा मुस्कुराना, तेरा मुझसे बातें करना,
तेरा कुछ कहना, तेरा रूठना,
अच्छा लगता है ।

अच्छा लगता है,
तेरा शर्माना ,तेरा पलकें झुकाना,
तेरी खामोशी ,तेरा तराना
अच्छा लगता है ।

अच्छा लगता है,
तेरा मिलना ,तेरे पास बैठना ,
तेरी शरारते, तेरा इठलाना
अच्छा लगता है ।

21. चाय का प्याला

बनता कभी होठों की गरमाहट,
कभी बनता सुकून,
ठंड में राहत देता,
वो, चाय का प्याला ।

कभी बनता महफिल की गपशप,
बनता कभी दोस्तों की जान,
भीड़ में लोगों को जोड़ता,
वो चाय का प्याला ।

कभी सफर का साथी बनता,
बनता कभी सफर का अंजाम
हर सफर पूरा करता,
वो, चाय का प्याला ।

कभी कहानी, बनता ,
बनता, कभी कहानी का हिस्सा ,
हर घूंट में राहत देता,
वो, चाय का प्याला ।

www.ingramcontent.com/pod-product-compliance
Lightning Source LLC
Chambersburg PA
CBHW070655240926
51846CB00003BA/932
* 9 7 8 9 3 7 3 1 4 3 2 3 1 *